Ausmalen und Lernen
Malbuch
Feld

TESSLOFF

Die Lerche

Die Lerche kann gleichzeitig singen und fliegen. Das können nur wenige Vögel!

Sie frisst am liebsten Samen, Würmer und Insekten.

Ihr Nest bauen Lerchen am Boden. Sie brüten dreimal im Jahr.

Mit ihrem braun gesprenkelten Federkleid ist die Lerche besonders gut an ihre Umgebung angepasst.

Der Hamster

Im Sommer sammelt der Hamster Vorräte für den Winter – am liebsten Getreide.

Er bewahrt das Futter in seinen dicken Backen auf ...

... und bringt es in seinen Bau unter der Erde. Hier macht er Winterschlaf.

Der Hamster legt seinen Bau auf Feldern an. Er besteht aus der Nestkammer und der Vorratskammer.

Die Kamille

Die weißen Blütenblätter der Kamille hängen herunter. Daran kann man sie gut von ähnlichen Blumen unterscheiden.

Außerdem hat die Kamille einen besonderen Duft.

Aus den getrockneten Blütenköpfchen der Kamille kann man Tee und Medizin herstellen.

Der Klatschmohn und die Kornblume

Beim Klatschmohn sind die Samen in einer Kapsel ...

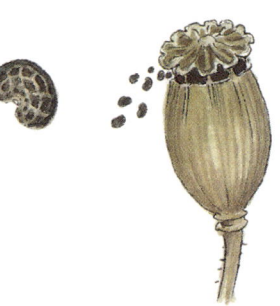

... bei der Kornblume dagegen in einer Art Körbchen.

Aus den Blättern der Mohnblume hat man früher rote Tinte gemacht.

Die Blütenblätter der Mohnblume fallen sehr leicht ab, wenn man sie pflückt.

Das Rebhuhn

Die Henne scharrt eine Mulde in den Boden und legt ihre Eier hinein.

Der Hahn hat einen großen, braunen Fleck auf der Brust.

Nach drei Wochen schlüpfen die Küken aus ihren Eiern.
Sie bleiben ein Jahr bei ihren Eltern. Dann sind sie groß.

Der Roggen und Weizen

Mit Roggen bäckt man dunkles Brot.

Aus Weizen macht man Brötchen, Nudeln und Grießbrei.

Auch die Zwergmaus frisst gern Getreide und turnt darin herum!

Reifer Weizen ist goldgelb. Roggen dagegen bekommt eine graugrüne Farbe, wenn er reif ist.

Der Mais

Wenn der Kolben trocken ist, lösen sich die Körner ganz von selbst.

Der Mais wird über zwei Meter hoch!

Mais schmeckt nicht nur Vögeln und anderen Tieren, sondern auch Menschen, zum Beispiel als Cornflakes.

Erkennst du hier die Tiere und Pflanzen aus diesem Buch wieder? Wo hat sich die Kornblume versteckt?

Ausmalen und Lernen
Malbuch
Wiese

Der Hase

Hasen leben gesund.
Sie knabbern nur
Obst und Gemüse.

Dreimal im Jahr bekommt
eine Häsin zwei bis vier
kleine Häschen.

Hasen haben keinen festen Schlafplatz. Eine Mulde im Feld oder in der Wiese reicht einem Hasen zum Schlafen.

Die Schnirkelschnecke

Die Schnirkelschnecke erkennt man an ihrem gelben Gehäuse mit braunen Streifen.

Mit ihrer Raspelzunge frisst sie gerne frische Pflanzen.

Bei längerer Trockenheit heftet sich die Schnirkelschnecke an einen Ast oder an ein Blatt und wartet auf Regen.

Die Eidechse

Eidechsen riechen mit ihrer gespaltenen Zunge.

Bei Gefahr können sie ihren Schwanz abfallen lassen.
Er wächst wieder vollständig nach.

Eidechsen leben in Steinhaufen, Erdlöchern oder Mauerspalten. Im Sommer dösen sie gerne in der Sonne.

Der Maulwurf

Mit seinen Grabschaufeln und kräftigen Krallen gräbt sich der Maulwurf lange Tunnels unter der Erde.

Babymaulwürfe werden nackt und blind geboren.

Maulwürfe sehen nicht gut, aber im Dunkel ihrer Erdhöhlen ist das auch gar nicht notwendig.

Der Zitronenfalter

Die Raupe des Zitronenfalters ist grün und hat an beiden Seiten einen weißen Streifen.

Zitronenfalter saugen mit ihrem Rüssel den Nektar aus den Blüten.

Der Zitronenfalter überwintert in einem Gebüsch oder in einem Laubhaufen in der Winterstarre.

Das Wiesenschaumkraut

Vor allem auf feuchten Wiesen findet man im Sommer das Wiesenschaumkraut.

Das Wiesenschaumkraut hat vier blass-lila Blütenblätter.

Das Wiesenschaumkraut hat seinen Namen von der Schaumzikade, die ihre Nester an den Stängeln befestigt.

Die Heuschrecke

Die langen Fühler sind ein besonderes Merkmal der grünen Heuschrecke.

Heuschrecken legen ihre Eier in den Boden ab.

Die meisten Heuschreckenarten können trotz ihrer Flügel nicht fliegen, dafür aber sehr weit hüpfen.

Erkennst du hier die Tiere und Pflanzen aus diesem Buch wieder? Wo hat sich die Heuschrecke versteckt?